LES
PRÊTRES

ET
LES MIRACLES

ŒUVRE ANTICLÉRICALE

PAR

CLÉMENCE BADÈRE

SUITE

DES MYSTÈRES DE LA CRÉATION DÉVOILÉS
ET DE L'AMOUR
AU COMMENCEMENT DU MONDE
AVEC
QUELQUES FRAGMENTS DE CE LIVRE

PARIS

DENTU, LIBRAIRE-ÉDITEUR

PALAIS-ROYAL, GALERIE D'ORLÉANS, 17 ET 19

1879

LES PRÊTRES

ET LES MIRACLES

Chez DENTU, Palais-Royal, Galerie d'Orléans, 17 et 19

DU MÊME AUTEUR

Marie Favrai, histoire d'une jeune Fille pauvre, roman de 340 pages.

La Vengeance d'une jeune Fille.

Le Médecin empoisonneur.

Une Mariée de seize ans.

L'Enlèvement de Céline, suivi *d'un monde de fleurs*.

Les Mystères de la Création dévoilés.

L'Epouse amante, épisode de la guerre 1870-71. Poésies.

L'Anneau du Diable, comédie en deux actes.

Le Soleil Alexandre Dumas, réponse à ses attaques.

Hermance de Meyran ou une noble de nos jours.

DU MÊME AUTEUR

Doit paraître prochainement

Un Tartuffe aux prises avec un Diable rose, roman de 300 pages.

LES
PRÊTRES

ET

LES MIRACLES

ŒUVRE ANTI-CLÉRICALE

PAR

CLÉMENCE BADÈRE

SUITE

DES MYSTÈRES DE LA CRÉATION DÉVOILÉS
ET DE L'AMOUR
AU COMMENCEMENT DU MONDE
AVEC
QUELQUES FRAGMENTS DE CE LIVRE

PARIS

DENTU, LIBRAIRE-ÉDITEUR
PALAIS-ROYAL, GALERIE D'ORLÉANS, 17 ET 19

1879

Les Prêtres et les Miracles

I

Commencement du monde.

La nature ne paraît-elle pas pensante et agissante, et quand on raisonne sur ses œuvres, ne doit-on pas se dire qu'il y a une puissance bienfaisante, parfaite, sublime en ce qui concerne le bien, de même qu'on doit se dire qu'il y en a une autre imparfaite, malfaisante en ce qui concerne le mal, l'une par nécessité fait croire à l'autre; elle sont toutes deux incompatibles.

Il n'y a point de Dieu, disent quelques naturalistes, tout s'est fait par la nature en travail. Je suis de leur avis sur ce point, seulement j'ajoute que cette nature comporte une intelligence qui en est l'âme. Dieu et la nature sont donc synonymes.

Si dans mon livre j'établis la comparaison suivante : — Que serait notre corps sans la pensée qui nous fait agir ? — Que serait également la nature sans l'âme où la pensée qui la dirige ? C'est pour rappeler au lecteur qu'aucun travail ne peut se faire sans intelligence; et que si elle nous a donné la forme qui est matière, et l'âme qui est intelligence. c'est qu'elle comporte ces deux choses, car nous coïncidons avec elle, nous en faisons partie. . . . .

Cette intelligence était au chaos, et au moment où la terre commença son travail, elle sortit des substances les plus pures, les plus généreuses. (*Voir les Mystères dévoilés*, page 15).

. . . .

. . . .

Et à la longueur des siècles, elle se développa au fur et à mesure que la nature se développait, comme notre intelligence à nous se développe au fur et à mesure que nous grandissons (voir *les Mystères de la Création dévoilés*, page 25). Chez Dentu, Palais-Royal, galerie d'Orléans, 17 et 19.

D'autre part nous avons fait observer que tout travail en se faisant rejette des défectuosités. Or, vers un ou deux siècles plus tard, alors que la terre continuait à se former, il sortit de ces détritus du sein des immondices, un Esprit, une intelligence malfaisante recélant en elle tous les vices, tous les mauvais instincts, toutes les corruptions de ce monde, et qu'on devait considérer comme l'excrément de la nature, cet Esprit, c'est l'auteur du mal.

Les savants s'appuient sur les suppositions d'autres savants qui sont venus avant eux.

En ces sortes de choses, la connaissance exacte des suppositions des autres peut très-bien n'être pas une vérité, et il vaut mieux, je crois, ne s'attacher qu'à ce qui paraît sensé, possible.

On ne croit généralement pas aux naissances par l'action de la nature, et quelques-uns m'ont objecté ceci.—Il a pourtant bien fallu un oiseau pour faire un œuf ou un œuf pour faire un oiseau? — Sans doute il a bien fallu qu'il naisse cet oiseau. — Mais je dis dans les *Mystères de la Création dévoilés* que la terre au chaos contenait tous les germes des êtres qui devaient naître. — Eh bien! le germe qui la fait naître, la nature le possédait dans son sein, c'est l'intelligence qu'elle comporte qui l'a vivifié par son besoin de produire et de vivifier, c'est la chaleur de son soleil, ce sont les brises et les rosées qui l'ont fécondé, non pas en quelques jours, car nous ne croyons pas aux miracles, mais à la longueur du temps, peut-être des siècles, car la nature travaille lentement, tout nous le fait pressentir.

C'est probablement ainsi que le monde se serait fait. — Si la nature a formé un couple elle pouvait en former mille, elle n'a pas fait qu'une montagne, qu'un fleuve, toutes choses qui ne se reproduisent point par elles-mêmes. Si Adam et Ève étaient blancs, ils ne pouvaient pas produire des noirs, ni des jaunes, ni des rouges. — Qu'im porte qu'un couple n'apparut tous les cent ans si on ne devait point mourir, ou vivre des milliers de siècles..(*Voir nos Mystères dévoilés*, pages 17 et 18).

La procréation, selon nous, est une erreur qui s'est transmise de génération en génération, et qui à la longue est devenue une habitude, et ensuite d'âge en âge, de siècle en siècle, est passée par l'effet de la civilisation qui l'a adoptée, à l'état de besoin.

Les hommes de la nature pouvaient être immor-

tels, parce que dans sa prévoyance, elle ne voulait pas que l'être auquel elle donnait une partie
de son intelligence dégénérât et s'éteignît après
quelques années d'existence comme les animaux.

La race se reproduisant par elle-même, n'est
plus la même chose. Les hommes de la création
ne peuvent être comparés à ceux de la procréation
qui ont perdu énormément, et se reproduisent
pour mourir, ils n'ont plus le même sang, c'est
comme si on voulait comparer le vin pur avec
celui mêlé d'une grande quantité d'eau ou de produits qui le dénaturent et le rendent beaucoup
moins sain, beaucoup moins généreux.

Oui l'homme et la femme étaient constitués de
manière à se reproduire, mais ce n'est pas par
l'action de Dieu, c'est par l'effet d'une mauvaise
nature. Cette intelligence auteur du mal était
comme la première au sein de la création, lorsque la terre se forma.

Elle ne se fit jour qu'un ou deux siècles plus
tard, je suppose, mais si minime que fût sa puissance à cette époque, elle agissait néanmoins
dans son intérêt, de façon enfin que les hommes

fussent passibles de son influence, pour pouvoir dans un temps déterminé l'exercer sur eux.

C'est donc le mal qui jeta le germe de ce vice et donna plus tard la faculté d'engendrer. Tant qu'il ne se fit pas jour les sexes restèrent à néant. L'auteur du bien ne les développait pas, il laissait les hommes dans l'ignorance de cet acte.

Dieu chaste et pur leur donnait en échange cette belle chasteté qui constitue l'intelligence et toutes les vertus, par conséquent la santé, le vrai bonheur.

L'homme étant doué d'une conformation propre à recevoir beaucoup plus d'intelligence que tous les être vivants, ee don de la nature le distinguait des animaux.

Et si elle la lui donnait, cette intelligence, reflet de la sienne, ce n'était pas sans motif, la nature ne procède point sans motif, c'était pour qu'il se préservât de cet Esprit *auteur du mal*, qui devait à un moment donné se faire jour dans la créaticn et le perdre.

Que l'on réfléchisse et l'on conviendra que ce n'est que pour cette seule chose qu'une si belle intelligence a été donnée à l'homme qui a été trop insouciant à cet égard; c'est en s'abandonnant au plaisir grossier qu'il a dû se considérer comme un animal intelligent, car bien certainement l'homme est une'espèce à part.

Croire que nous descendons des animaux, c'est, il nous semble, manquer à la dignité de soi-même, D'ailleurs l'orang-outang qui lui ressemble le plus par la conformation, n'a pas la parole ni la conscience, ils n'ont donc pu nous les transmettre.

C'est donc évidemment la nature suprême qui a donné ces deux choses aux premiers hommes par une intelligence incomparable. Je dis plus loin que le Christ, né par la seule puissance de la nature, possédait la vraie intelligence, celle du bien léguée par Dieu aux premiers hommes et qu'il a dit : *Observez la chasteté* ou *luxurieux point ne sera*, quelques-uns ont dit que j'adoptais la doctrine de Maltùs, nullement. Il est question dans mon livre des premiers siècles, et je dis que ces premiers hommes formés par la nature n'engendraient pas, et que plus tard, lorsque le *mal* se fut introduit, ils procréèrent et éloignèrent par cet acte l'effet créateur sur cette partie de notre globe. Nous sommes en quelque sorte identiques à la nature et si elle produit parfois un dérangement dans nos organes, les hommes de leur côté peuvent déranger l'ordre de la nature. S'ils eussent au contraire repoussé le mal, et laissé celle-ci continuer son œuvre, le monde aurait été tout différent et bien plus heureux, puisqu'on n'aurait connu que le bien; que l'amour entre les deux sexes eût été un bonheur durable, par un amour profond inaltérable; que ces premiers hommes sans désirs impurs, ne connaissant que la chasteté, éprouvaient un bien-être de corps et d'esprit que nous ne pouvons goûter, ni même comprendre, n'ayant ni leur santé, ni leur vigueur pour le bien et la vertu.

II

La naissance par la chasteté.

J'ajoute que lorsqu'ils eurent accepté le vice avec le plaisir charnel, que tous les vices se firent jour, et que les hommes devinrent barbares par la discorde, fruit de leur luxure, et qu'on sentit alors le besoin de faire des lois; mais qu'aux premiers siècles, n'étant que sous l'influence de l'auteur du bien, ils étaient parfaits.

Etant unis par l'amour fraternel, sentiment qui alors n'était pas un vain mot comme aujourd'hui, l'égalité dans toute l'acception du mot régnait parmi eux.

Si ce désir ne se fut pas emparé des sens des hommes, ils n'auraient jamais possédé que le sentiment du bien ; cette action, en leur faisant un autre sang, a changé leur caractère.

Ainsi l'homme de nos jours le plus doux, le plus probe, pourrait engendrer un Troppmann, parce que ce n'est pas, par un pur esprit qu'il a été enfanté, c'est par ce plaisir animal.

Voilà pourquoi quelques-uns ont parmi nous des instincts de brute, et il y en aurait probablement encore davantage, n'étaient la civilisation et les lois qui maintiennent les hommes.

Tandis que les premiers qui ne sont nés que par la puissance de la nature, ne provenant que de la chasteté ou Être suprême n'amenaient point le mal avec eux.

Parmi ceux procréés, *l'Esprit du mal* ayant vicié le moral, et le moral agissant sur le physique, de là vinrent toutes les incommodités de la vie.

Le sang s'altéra, la femme enfanta avec des souffrances inouïes, plus que de nos jours et le résultat de l'enfantement amena aussi d'autres incommodités, d'autres maladies, et l'existence des hommes diminua.

Par conséquent, pour ce qui est d'aujourd'hui je n'exclus point les enfants, je dis au contraire que le temps le plus heureux de la femme est celui ou elle est mère. — Que la famille est le seul bien parmi nous, encore faut-il qu'elle soit bien unie, ce qui est rare, beaucoup se plaignent d'en avoir; ce sont des vérités incontestables. Je dépeins le monde ce qu'il est aujourd'hui comparé à celui des premiers siècles qui n'était alors que sous l'empire de l'intelligence du bien.

Je dis que le Christ né de la chasteté était doué de vertus que nous ne pouvons avoir, et qu'il prêchait la chasteté dans toute sa rigueur, et cela doit être vrai, il en existe encore une preuve, parmi les prêtres et les religieuses, leur ordre leur enjoint la chasteté la plus rigoureuse, et si l'action d'engendrer eût été un besoin naturel chez l'homme, pourquoi les aurait-on empêchés d'en jouir puisque c'était établi dans les mœurs et par le mariage.

Nous pensons que cette doctrine de la chasteté immuable a été instituée par Jésus en vue d'en donner l'exemple au peuple; pour adoucir les mœurs très déréglées à cette époque.

C'est cette grande vérité du Christ, qui a fait leur influence et établi le catholicisme. — C'est que, convertis eux-mêmes par ses paroles persuasives, ces premiers prêtres, par la foi très-vive qu'on avait alors, trouvèrent eux-mêmes le bien-être dans la chasteté et sentirent dans leur conscience qu'il était nécessaire de répandre cette doctrine. Cela prouve donc clairement que cet acte est bien moins un besoin chez l'homme qu'un vice de nature.

Aucun philosophe n'a été plus répandu que le Christ, lui seul a passé pour être un Dieu. C'était un homme d'une naissance exceptionnelle, fils de la nature, car s'il eût été comme ceux d'aujourd'hui, même parmi les plus éminents, et qu'il fût né d'une femme, il n'eût jamais fait autant de bruit. Il n'en a fait autant que par des idées neuves et une naissance toute de chasteté. Et il faut qu'il en ait fait beaucoup pour qu'on en parle encore après dix-huit cents ans.

L'Immaculée conception est une fable, et dans deux ou trois cents ans ces dogmes seront détruits et feront place à une religion mieux comprise.

J'ai dit que Jésus défendait l'acte dans toute sa rigueur, présumant bien qu'on en userait toujours trop ; j'ajoute qu'il le faisait dans le but d'améliorer le sort de la classe pauvre.

Je parle de dix-huit cents ans ; et prêcher la chasteté et la sobriété en toute chose à une époque où le peuple, encore dans l'ignorance, était l'esclave du riche; lui prêcher l'abstinence et la modération dans le plaisir charnel, était un bienfait pour tous.

Car les usages et les préjugés ne se détruisent qu'à la longue et encore faut-il qu'on soit éclairé, et ils ne pouvaient qu'à la longue se délivrer du joug.

Et se contenir dans cet amour sexuel était, selon le Christ, les rendre plus forts pour combattre la tyrannie dont ils souffraient.

— Vous êtes faibles contre la chair, dût-il dire, et Dieu vous avait faits forts pour la vaincre.

Faits de pourriture, vous retournerez à la pourriture... Abstenez-vous plutôt que de mettre au jour des enfants souffreteux qui meurent avant d'avoir vécu.

En effet, ne vaudrait-il pas mieux que les époux même encore de nos jours n'eussent qu'un seul enfant robuste et susceptible de vivre cent ans, que d'en avoir six souffreteux.

La santé est épuisée par l'abus du plaisir charnel, on met au jour des enfants chétifs qui ne peuvent vivre par un sang appauvri.

Le but de mon livre serait d'améliorer le sort de la classe pauvre par l'exemple de la sobriété, de l'abstinence et des bonnes mœurs.

Il est utile en ce que je démontre que le sang a dégénéré par l'abus de ce vice; s'il y avait moins de monde, il y aurait moins de misères, moins de maladies.

C'est par la vertu et l'abstinence qu'on pourrait le régénérer, c'est en se modérant dans cette passion qui, en réalité, a fait une population nombreuse, mais presque étique.

Personne n'a la belle santé qu'avaient nos premiers pères.

Les patriarches des premiers siècles vivaient mille ans et plus, parce qu'ils étaient vertueux; ce qui nous paraît un conte pourrait bien être une vérité.

(Voir les *Mystères de la création dévoilés*, page 266.)

Si on eût laissé la nature continuer son œuvre, les hommes auraient pu vivre, sinon éternellement, du moins des milliers de siècles; de cette façon la terre eût encore été assez peuplée, mais par un monde beaucoup plus parfait.

Galilée a pu prouver que son idée était vraie;
quant à la mienne, personne non plus ne peut
me prouver qu'elle est fausse.

Le soleil n'est-il pas encore comme un rayonnement de cette puissance suprême; que serions-
nous sans lui qui donne tout ce qui nous fait
vivre. Ce corps resplendissant de lumière est, il
nous semble, comme l'image éclatante de cette
grande âme de la nature qu'on nomme Dieu;
flamme divine et créatrice, feu sacré qui a vivifié
les premiers hommes, leur a donné l'âme en
apportant la chaleur à leur corps, la vigueur
dans leurs membres, le sang dans leurs veines,
sang pur et généreux qui les rendait forts et
presque impérissables, vigueur qu'ils ont perdue
par une sensualité brutale.

Ma doctrine est étrangement osée, ont dit quelques critiques. Il est vrai que l'auteur de cet
ouvrage ne possède pas autant d'érudition que
les plus grands savants, mais elle possède cette
science qu'on acquiert péniblement, et qu'on
nomme l'expérience de la vie. Ayant beaucoup
souffert par les hommes, par leur orgueil, leur
despotisme et leur légèreté, elle a beaucoup

réfléchi sur eux, et en considérant ces êtres doués de tant d'intelligence êt pourtant si imparfaits, cela l'a entraînée à remonter jusqu'à la création pour tâcher d'y découvrir l'existence d'un Dieu, mais d'un Dieu bon.

L'ayant trouvé et sondant de nouveau l'humanité, elle a dû se dire que, dans le principe, l'homme n'avait pu naître méchant, et qu'il fallait alors qu'il existât dans la nature une autre intelligence, intelligence funeste que cet être frivole n'a pas su repousser.

Oui, l'homme et la femme pouvaient étendre la race par eux-mêmes, mais ce n'était d'aucune nécessité, puisque la nature s'en chargeait; ils n'ont fait que des créatures imparfaites. Trompés par un mauvais esprit, ils ne virent que l'attrait du moment, ils lâchèrent la proie pour l'ombre, sans réfléchir que par cet acte ils contrariaient la nature, la détournaient de son travail, et s'attiraient par là les maladies et la mort.

. . . .

Que de misères par une population nombreuse, par ce défaut de trop engendrer. — Que de maux, résultat de ce vice. — Que de pauvres petits enfants souffreteux. — Que de chloroses. — Que de prostitutions que ce désir fait naître. — Que de choses déplorables par lui. . . . .

. . . .

S'il y a de mauvaises nourrices, il y a aussi de mauvaises mères, le meilleur moyen serait d'en faire naître le moins possible. La civilisation ne sera vraiment en progrès que lorsque nos hommes de science auront découvert quelque chose qui réduira les sens, sans altérer la santé physique et morale, on peuplera toujours trop pour voir des malheureux et des misérables.

Si l'on recommande de peupler, c'est pour le profit des gouvernements et non pour le bien du peuple ; celui qui n'a qu'un enfant est plus riche que celui qui en a quatre. Plus il y a de monde et plus le gouvernement reçoit d'impôts.

Combien d'ouvriers fréquentent les cabarets, et ce sont ceux-là quelquefois qui engendrent le plus, parce que, dans l'état d'ivresse, ils s'abandonnent à la passion brutale.

Si on leur ouvrait l'intelligence par l'instruction, ils comprendraient que le travail est salutaire et détourne du vice ; que se vaincre dans cet amour sexuel leur serait favorable en ce que, ayant moins d'enfants, ils seraient sauvés de la misère.

Mais chose déplorable, très-souvent les parents, sous le moindre prétexte, refusent d'envoyer leurs enfants aux écoles gratuites. . . . . . .

. . . .

Cependant, l'homme comme la femme ne peuvent vivre sans aimer, on le reconnaît par bien des exemples, mais nous n'admettons que l'amour du cœur. Dieu ne voulait pas que les deux êtres auxquels il donnait une partie de son intelligence imitassent les animaux dans un acte qui leur enlevait la chasteté dont ils les avait doués.

Une preuve que ce penchant n'est pas l'effet de la bonté suprême, c'est que, chez la plupart, ce n'est pas le besoin d'engendrer. — On ne voit qu'un désir inconscient, brutal; l'amour, pour quelques-uns, n'est qu'un dévergondage sans frein qui détruit la santé et corrompt les mœurs.

L'amour au commencement du monde

Fragment des Mystères dévoilés.

. . . .

Aujourd'hui on se recherche sans s'aimer, on s'aime à la manière des chats en se griffant.

Au temps primitif, tout l'amour entre les deux sexes se bornait à des sensations délicieuses par de tendres regards, par de doux épanchements de cœur, par de chastes baisers.

Tout cela, dira-t-on, est le prélude de l'amour, et l'amour a pourtant un dénouement auquel il faut qu'on arrive.

Parmi les hommes de la procréation, évidemment parce que c'est adopté par les lois et les usages.

Mais parmi ceux créés par la seule puissance de la nature, leur dénouement consistait dans ce baiser sur les lèvres, baiser suprême qui lie deux créatures par l'âme.

Deux âmes qui se confondent dans de chastes amours, n'est-ce donc pas là l'idéal de la félicité.

L'amour chez eux n'allait pas plus loin que le cœur, qui est le siège de l'intelligence, du véritable amour, profond, durable, et non l'amour indécent, brutal, qui se révèle par des appétits grossiers et qu'on oublie si vite. Dieu chaste et pur, encore une fois, ne pouvait leur donner que ce qu'il comporte : la vertu, la chasteté. Il les laissait dans l'ignorance de cet acte, ils s'aimaient sans aucune pensée impure, ils étaient heureux par un bonheur que nous ne pouvons comprendre, nous procréer. (Voir les *Mystères dévoilés*, page 118.)

Il y a des plantes mâles et femelles, qui se reproduisent, non pas par un acte impur comme chez les animaux, mais par l'action de la nature. — On sait d'ailleurs que celle-ci a des secrets impénétrables.

Et encore une fois, le monde se serait fait de cette manière, et alors il eût pu être parfait.

En contractant de siècle en siècle, l'amour sexuel, les sexes se sont développés en conséquence, et aujourd'hui, cette règle ne peut plus être détruite.

Cet acte est naturel, c'est vrai, mais par le fait

d'une mauvaise nature, car si c'était un besoin réel chez l'homme, il se contenterait d'une seule femme pour toute sa vie.

L'homme à l'ignorance de cet acte était bon et inoffensif, dès qu'il eut procréé son caractère changea.

Ce désir en amena d'autres, et par tous ses vices, il éloignait de plus en plus de nous la puissance bienfaisante, comme nous le disons dans nos *Mystères dévoilés*, le mal n'étant pas compatible avec le bien, ces deux puissances sont répulsives entre elles, Là où le mal prend une trop large place, le bien s'en retire, etc. (Voir nos *Mystères dévoilés*.)

. . . . , ...

III

L'origine des Cultes

Autre fragment.

Les passions des hommes aussi développées, les vices se multipliaient et les mœurs devinrent très déréglées.

Peu à peu les peuples arrivèrent à une dépravation si grande, que ce fut un carnage affreux, que nous pourrions comparer aux guerres de la Grèce qui vinrent plus tard.

Le meurtre, le pillage, les atrocités, la violence; la barbarie en un mot fut à son comble. Et après les guerres vinrent les fléaux. Les épidémies, la famine s'ajoutèrent à tous ces désastres.

Et lorsqu'un peu de calme succéda à ce tumulte, ou plutôt à cet enfer, les peuples se demandèrent pourquoi ils étaient si malheureux, et qui avaient pu amener toutes ces calamités. Ils regardèrent dans leur conscience et sentirent instinctivement qu'ils étaient coupables. Et sans trop se rendre compte du genre de mal qu'ils avaient fait, ils eurent une vague idée qu'ils avaient offensé la nature, un être au-dessus d'eux comme une divinité qui les en punissait et qu'il fallait conjurer.

Delà vinrent les cultes, car pourquoi auraient-ils créé une religion, s'ils ne s'étaient pas sentis coupables vis-à-vis de la nature et vis-à-vis d'eux mêmes, et ils adorèrent des idoles.

Chez les Gaulois ce fut le gui du chêne, le chêne était l'arbre sacré de la nation.

Mais après que ce peuple fut conquis par les Francs, car les hommes et les femmes de ce pays furent assujettis par eux; il y eut une recrudescence dans leur religion, ou pour mieux dire du fanatisme.

On s'offrait en sacrifice aux idoles, on dressait des bûchers, des vierges furent brûlées vives pour apaiser le courroux de telle ou telle divinité qu'ils s'imaginaient avoir offensée.

Toujours la nature du *mal*, qui agissait sur les peuples même les plus inoffensifs. (Voir la suite dans nos *Mystères dévoilés*, page 81.)

3.

. . . .

C'est peut-être de l'orgueil de la part des hommes de croire que le monde n'aurait pu se faire sans eux, car pourquoi naître si c'est pour mourir, cela semble être une erreur de la nature.

Les créatures issues de Dieu n'eussent point souffert, Dieu ne pouvait créer pour tuer ensuite.

Il est vrai que la religion nous dit, qu'à cause du péché d'Adam, nous sommes tous condamnés à mourir comme lui; singulière maxime! Comment ce Dieu si sublime dans ses perfections nous aurait condamnés à mourir, parce que nos premiers pères ont commis une faute dont nous sommes innocents, nous qui ne demandions même pas à naître.

Cet être parfait serait alors plus injuste et plus imparfait que nous, car nous ne tuons pas notre enfant malgré ses défauts, nous écartons de lui tous dangers.

Ensuite, si notre père avait commis une faute qui fît porter sa tête sur l'échafaud, serions-nous condamnés à mourir comme lui; ce serait trop injuste et c'est calomnier Dieu.

C'est-à-dire que ces premiers hommes nous ayant transmis ce péché nous le commettons comme eux. — Mais qui les forçait à le commettre ce péché d'impureté? La matière! Il fallait la dompter. — Je le répète, cet acte est une erreur.

Est-ce bien l'Éternel, bonté suprême qui a dit : *Croissez et multipliez?* Évidemment non ; si c'est un être éternel, il possède alors une autre influence, ce sont deux choses qui se révèlent dans la création et qui ne prennent aucune forme. L'une donnant le bien et la vie, l'autre les souffrances et la mort.

Les premiers hommes étaient, je crois, impérissables. N'émanant que de Dieu seul, autour du bien, héritiers de quelques-unes de ses perfections, vivifiés par lui, ils avaient dans leur sang l'essence première, divine, qui en faisait toute la pureté.

Ce sang légué par lui leur donnait pour toujours la sérénité d'esprit, et une santé inaltérable.

La nature avait fait le corps, et dans ce corps l'intelligence où Être suprême avait mis une belle âme. Il leur avait donné tous les plus nobles sentiments qu'il est succeptible de donner, par sa puissance, par des vertus exception-nelles qui le font Dieu.

Ces dons apportés par lui, *nature indestructible*, devaient entretenir en eux le sentiment du bien, et leur procurer s'ils eussent conservé tous ces dons, une vie douce exempte de maux et peut-être éternelle. (Voir nos *Mystères dévoilés*, page 14.)

IV

De la toute puissance de Dieu. — Le Dieu des prêtres et le nôtre.

L'univers s'est formé par le travail de la nature, dirigé par une grande âme, une pensée sublime que nous nommons Dieu.

Une religion ne doit avoir en elle ni mystères, ni miracles.

Nous ne comprenons pas Dieu comme les prêtres le comprennent.

S'il avait à lui seul tous les pouvoirs comme ils le disent, ce ne serait ni un Dieu aimable, ni un Dieu juste, car très souvent les bons sont punis et les méchants récompensés.

Ils nous disent que sur cette terre accessible au vice, Dieu dans son courroux envoie des fléaux pour punir les hommes de leurs iniquités.

Selon nous, Dieu est grand et il ne peut se mettre en courroux, où alors il ne serait pas l'être parfait que notre imagination nous représente.

Il ne peut jeter l'anathème sur ses créatures, ce serait le calomnier, ce sont des passions qui n'appartiennent qu'aux hommes. — Mystères ! disent-ils; non, Dieu ne peut pas être hypocrite, ni cacher ses œuvres, il ne peut avoir honte de ses actions aussi pures que lui.

Lui, Esprit pur et sans tache, ne recélant que le bien, ne pouvait nous conduire au mal, et ensuite nous punir pour l'avoir fait.

Et pensez-vous que, lui si grand, si magnanime dans sa puissance, sans mauvaises passions aucune, eût amené un cataclisme comme le déluge, pour se débarrasser des hommes qui n'ont plus le don de lui plaire en les détruisant, pour recommencer son œuvre, comme un enfant capricieux et mutin, qui s'étant fait un jouet d'une multitude de marionnettes qu'il tient au bout d'un fil, et qui, après les avoir culbutées et ballottées selon son humeur, las de ce peuple en bois, s'en débarrasserait en les brisant, pour en avoir d'autres qu'en imagination, il rêve plus amusantes, ce serait peu digne d'une puissance sublime telle que nous la comprenons.

C'est la nature en travail évidemment, mais dirigée par une autre puissance, celle du *mal*.

D'ailleurs, un déluge universel nous paraît impossible, mais il y en a de partiels comme par exemple dans le midi, il y a trois ans, et tout récemment à Szegedin. De telles inondations, pour ceux qui y ont succombé, étaient un vrai déluge. Et ne vaudrait-il pas mieux que ceux qui en ont été les spectateurs, qui se sont vus entre la vie et la mort des jours entiers et ont ensuite été ses victimes ne fussent jamais nés.

L'Ecriture, en ce qui regarde Dieu, nous paraît fausse sur plus d'un point, où Moïse n'a pas été vrai.

D'abord Dieu pur esprit ne prend point de forme et il n'a pu se faire homme.

Nous en reconnaissons un plus digne et mieux compris. — Voyons d'abord celui de l'Ecriture sainte.

L'Ecriture nous dit que Dieu est puissant en toute chose et commande sur toute chose — que nous venons au monde par sa propre volonté, que nous en sortons de même.

Selon l'Ecriture encore, il se fit homme en son

fils et envoya celui-ci sur la terre en lui léguant de sa toute puissance, c'est-à-dire le pouvoir de guérir les malades par un simple attouchement, de rendre la vue aux aveugles, le mouvement aux paralytiques, de ressusciter les morts, même en putréfaction (selon saint Luc), ce qui est le comble des miracles.

Cependant si Dieu était puissant à ce point, s'il a fait les hommes en moins de rien par un miracle, naturellement il leur donnait la pensée et en était l'interprète, ainsi que de leurs actions, pourquoi ne les aurait-il pas faits tous parfaits comme nous le disons dans *nos Mystères dévoilés*, physiquement et moralement, constitués de manière à ce qu'ils restassent dans le sentiment du bien, en bonne santé, et, par conséquent, heureux.

En considérant sa toute puissance et son infinie bonté, cela ne lui eût pas plus coûté, il nous semble, que de les faire vicieux pour les punir ensuite, que de faire des boiteux, des infirmes et des rachitiques, des bons et des méchants, les uns victimes des autres.

Car, en définitive, quand il s'agit de cette force

puissante qu'on nomme Dieu, il faut être logique
et ne pas parler par énigmes, il faut dire clairement et ouvertement des choses qu'on nous
donne comme vérités incontestables.

Et si le Christ était puissant au point de ressusciter les morts, il l'eût été assez pour s'emparer
de l'esprit des vivants, de leur conscience.

Si par une parole ou un simple attouchement
il enlevait instantanément la lèpre à un individu,
s'il guérissait ainsi physiquement, il pouvait tout
aussi bien, avec une telle puissance et de tels
miracles, guérir moralement les hommes en leur
enlevant leurs vices, leurs imperfections, et en
leur donnant en échange toutes les vertus que
Dieu désire voir en eux. Il est donc bien évident
que tous ces miracles sont de l'invention des
hommes.

L'Ecriture nous dit également que le premier
homme et la première femme naquirent dans un
lieu de délices, ou paradis terrestre, qu'ils étaient
exempts de vices, et par conséquent heureux.

Mais que Satan, ou l'esprit du mal, vint, sous
la forme d'un serpent, les tenter par le péché
pour les perdre eux et leur postérité.

Or, de deux choses l'une, ou Dieu est infiniment bon et infiniment puissant ou il ne l'est pas; s'il est ces deux choses, pourquoi, puisque selon l'Ecriture il a droit de vie et de mort sur tout ce qui existe, n'a-t-il pas foudroyé Satan, c'est-à-dire détruit le mal à son apparition, plutôt que de le laisser envahir notre globe par ces premiers hommes qui devaient naturellement le transmettre à leurs descendants; c'eût été plus sage, il nous semble, que d'envoyer plus tard son fils pour qu'il fut martyr sur la terre, pour racheter ces calamités qu'il a bien voulu faire naître, et les racheter par quoi? Par des préceptes que l'on ne comprend pas.

Si Dieu, qui est la bonté même, ne l'a pas fait, c'est qu'il ne l'a pas pu, bien certainement.

C'est donc comme je le dis dans les *Mystères de la création dévoilée*, il les avait faits bons, moralement, mais le *mal* se faisant jour sous l'aspect du plaisir charnel les perdit.

Il est donc incontestable qu'il existe deux puissances de force égale; ne pouvant se détruire l'une par l'autre, et toutes deux impérissables, l'une le *bien* et l'autre le *mal*.

Ces deux puissances se partagent en quelque sorte les privilèges, par la raison qu'elles sont dans la nature répulsives entre elles. Le bien se retire au contact du mal, de même que le mal laisse une place au bien ; ce sont des secrets de la nature.

Du reste, nous possédons en nous ces deux choses et nous les reconnaissons dans les végétaux.

Il est donc impossible que ce sentiment du mal nous vienne de Dieu, qui ne recèle que le bien, sa mission étant de le faire en toute chose.

De deux choses l'une, ou il y a deux puissances ou il n'y en a pas du tout, parce que la première ne peut pas plus nous donner les vices que le jour ne peut être la nuit.

L'épi qui ne contient que du bon blé ne peut nous donner une substance vénéneuse, de même que Dieu, qui ne recèle que le bien, ne peut pas nous octroyer le mal.

Voici en deux mots comme nous comprenons Dieu :

La nature est matière et Dieu est l'intelligence qui anime cette matière.

La première soutient la terre dans l'espace comme la mer soutient le navire qui vogue sur ses flots, et Dieu est la force motrice qui donne l'impulsion à la machine, comme le matelot expérimenté donne l'impulsion à son navire et le dirige.

La mission de cette intelligence était de créer, d'animer, de vivifier par un besoin naturel de créer, d'animer, de vivifier, il ne demandait rien aux hommes.

Et puisque sa mission était de faire le bien sous toutes les formes, il les avait faits bons, d'humeur douce et facile, chastes et doués de toutes les vertus, d'une belle santé, de manière enfin à ce qu'ils fussent toujours heureux, parfaits en un mot. Ne pouvant faire davantage il ne leur devait plus rien.

De même que les hommes n'ayant plus rien à désirer n'avaient rien à leur demander. Ils ne pouvaient que l'honorer en restant dans ces bons sentiments, et se nourrir des produits du sol qui les avait vus naître.

Si le rôle de cette puissance suprême était de les combler de bien-être par un bonheur im-

muable, il n'était donc pas dans sa nature ni
dans son pouvoir de les faire mourir, ce pouvoir
nécessairement échouait à l'autre puissance, celle
du mal, car ces deux natures sont deux intelligences différentes de la nôtre, évidemment, et
qui n'ont peut-être pas conscience de l'influence
qu'elles exercent, mais qui néanmoins opèrent
sur nous.

Ce Dieu est en quelque sorte dans la création
l'arbre unique et gigantesque qui produit le bon,
le beau, le bien, le parfait, le sublime, doux
fruits, nous ne dirons pas qu'il sème, mais qui
tombent d'eux-mêmes sur la terre pour le bien-
être de tout ce qui vit et respire, comme l'oranger
produit les oranges, le cerisier les cerises, le
pommier les pommes, etc. — C'est ainsi que nous
comprenons Dieu, sous l'empire duquel on ne
connaissait point l'amour sexuel.

V

La première faute.

. . . .

La femme qui n'a jamais compris ni rêvé que l'amour du cœur n'a nullement l'idée de cet amour qui offense la pudeur.

Ce mot *honte*, on l'a diminué par le mot pudeur, car c'était bien de la honte que nos premiers pères ont éprouvé, nous allons le démontrer.

Nous avons dit dans *nos Mystères dévoilés* que le paradis terrestre avait été perdu par un couple, ce couple possédait comme les autres les mêmes dons de la nature, c'est-à-dire qu'ils s'aimaient de l'amour chaste qui, à cette époque, régnait sur la création entière. C'étaient, je suppose, Adam et Ève les derniers issus de Dieu.

Le lieu où ils naquirent se trouvait éloigné des autres tribus et plus rapproché des sphères où commençait déjà à se dégager l'intelligence du mal, et ils furent ses premières victimes.

Le mal, en s'introduisant dans cet endroit, produisit des insectes, qui, en s'attachant aux fruits, laissèrent sur quelques-uns une propriété malfaisante, qui devait exercer une influence fatale sur ce couple.

De nos jours, on admet bien qu'il y a dans la nature certaines substances qui excitent les sens.

Ces fruits firent naître en eux le désir charnel, et les firent arriver en l'espace de quelques jours à cet état qu'on nomme puberté.

Le mal s'emparait des créatures après avoir pris possession des végétaux.

Ce couple se trouvant seul dans l'endroit n'avait pas encore pu se civiliser, et ils étaient nus quand ils commirent le péché, ils ne purent rougir de leur nudité puisqu'ils y étaient habitués, mais ils eurent honte de leur action et se firent une ceinture de feuillage. Ils comprirent instinctivement qu'ils froissaient la nature, ils se sentirent coupables envers elle et n'osaient plus se regarder en face (voir les *Mystères de la Création dévoilés*, pages 112, etc.).

. . . .

. . . .

Leur berceau de feuillage ne pouvant plus leur suffire, leur goût changea.

Ce désir, d'ailleurs en amena d'autres, ils rêvèrent l'inconnue.

Ils se prirent par la main et s'aventurèrent dans des endroits qu'ils n'avaient jamais parcourus, et arrivèrent jusqu'à la tribu la plus rapprochée, et dont les habitants, en petit nombre, vivaient depuis des siècles dans l'ignorance de cet acte, et l'introduisirent parmi eux. C'est ainsi que le paradis terrestre fut perdu.

. . . .

Si les lois sociales n'avaient pas permis cet acte, on en rougirait encore. On ne rougit généralement que de ce que les lois et les usages défendent, c'est pourquoi la civilisation est un bienfait.

. . . .

Après ce péché d'impureté, les hommes moururent, mais les premiers procréés furent encore sages et modérés dans ce penchant.

Les vertus qu'ils tenaient de leurs pères, issus de Dieu, ne pouvaient pas sitôt les abandonner.

Aussi avaient-ils une existence plus longue. Il y avait encore à cette époque plus de bien que de mal sur la terre. Beaucoup d'entre eux conservaient la chasteté, par conséquent la jeunesse et la santé.

Les vertus ne s'affaiblirent qu'au fur et à mesure que cet acte se propageait, car, bien qu'ils fussent déjà sous l'empire de cette passion, ils étaient moins enclins au mal que ceux de nos jours.

Cette puissance du mal n'ayant à exercer son influence que sur une population peu nombreuse, n'y tenait qu'une petite place, et malgré quelques légères dissensions, ils vécurent assez longtemps dans des sentiments d'entente et de fraternité.

Cependant, cet acte se propageant de plus en plus, donnait prise à l'*esprit du mal*, qui, à mesure que la population augmentait, exerçait ses ravages et détruisait des existences, car plus on multiplie et plus le mal existe et se fortifie.

Le sang, dégénérant de plus en plus, les maladies augmentèrent. De sorte qu'il y a aujourd'hui beaucoup plus de mal que de bien sur la terre; tous les malheurs ne vinrent que par le plaisir des sens.

A mesure qu'ils procréaient, leur vigueur diminuait.

La végétation, sinon abandonnée entièrement de Dieu, mais plus éloignée de lui par l'effet destructeur qui le repoussait, se flétrit par des fléaux et des insectes qui s'attachèrent aux plantes.

Cette action d'engendrer développa leurs sens sous tous les rapports ; ils devinrent grands mangeurs et gourmands.

En voyant les produits s'altérer, l'intelligence de l'homme eut un mouvement progressif par la nécessité. Ils furent bien obligés de cultiver la terre à la sueur de leur front pour se procurer une nourriture plus abondante (voir les *Mystères dévoilés*).

Dieu avait voulu que les couples fussent liés par un amour profond, inaltérables, exempts de désirs charnels et sans inquiétude de l'avenir.

Et il était arrivé à son but, quand une autre puissance vint renverser ses maximes simples et douces en s'emparant des sens de ces êtres privilégiés.

Ce plaisir immodéré dans ce monde aux habitants de mœurs alors si pures et si chastes, choque et fait l'effet d'une paille ou d'un grain de sable qui se serait introduit dans la matière en ébullition d'un beau vase en cristal de roche, et en altère la pureté.

Ainsi cet acte brutal, introduit par l'esprit du mal, altère la pureté, le fini du beau travail de Dieu.

C'est aussi cette mauvaise nature qui a fait naître la prostitution, le libertinage, et qui punit quelquefois l'homme de s'y livrer.

Nous avons dit dans les *Mystères de la Création dévoilés* que Dieu permettait aux animaux de se reproduire, et non aux hommes. — Que l'amour sexuel était un vice de nature chez ceux-ci, et, pour en revenir à notre idée que leur mission n'était peut-être pas celle d'engendrer, nous en donnons encore quelques preuves.

Il est une maladie qui existe chez les hommes et qui n'existe pas chez les animaux dont les amours sont libres. — Et que serait l'humanité si nos hommes de l'art n'avaient pas découvert quelque chose qui remédie à cet affreux inconvénient, on ne verrait que des boiteux, des infirmes, des rachitiques.

Ensuite, il n'y a point d'ulcérations chez les animaux femelles comme chez les femmes, ulcérations qui sont souvent le résultat de cet acte, et que la mère transmet à sa fille. La femelle peut toujours allaiter ses petits, tandis que la femme se trouve très-souvent dans l'impossibilité de le faire. L'amour maternel est généralement moins développé chez la femme que chez les animaux. Quelques-unes tuent leurs enfants, et ce n'est pas toujours pour sauver leur honneur, celles qui s'affichent avec leurs amants.

L'homme est le plus intelligent de tous les êtres vivants; cependant, en naissant, il l'est moins que bien des animaux.

Ainsi, l'agneau, le chien, le chat, savent trouver la mamelle nourricière, et l'enfant ne le peut pas, il faut que sa mère la lui donne.

Toutes ces choses ne sont-elles pas comme une punition de la procréation.

Rien ne s'est donc fait par miracle. — Nous avons dit que cette intelligence suprême se développa et n'agit clairement qu'au fur et à mesure que la nature se développait. De sorte qu'au début, elle ne fit que des ébauches grossières, et peut-être que ces premiers hommes se croisèrent avec des animaux plus brutes encore, comme l'orang-outang par exemple, et qu'ils restèrent dans cette catégorie.

Et lorsque la nature fut à son entier développement, c'est alors qu'elle fit les hommes parfaits, sur une petite partie de la terre propice à leur bien-être, et qui fut alors paradis terrestre, à cause de la chasteté qui régnait parmi ces premiers habitants.

Mais nous pensons qu'ils furent longtemps sans presque aucun sentiment de la vie, ce n'est qu'à la longue, à mesure que la nature se développait, et qu'ils eurent eux-mêmes acquis quelque croissance, qu'ils sentirent en eux quelque vigueur.

Et la nature, selon nous, est trop ingénieuse pour n'en avoir formé qu'un seul ; elle a dû en former plusieurs dans le même temps et au même endroit, pour qu'ils pussent s'enhardir à marcher et à trouver leur nourriture, et aussi pour que l'intelligence se développa en eux.

Quant à ce qui est d'aujourd'hui, elle ne pourrait sans doute plus former les hommes. Ceux-ci ne devant pas procréer et allant contre ce principe ont dérangé cet ordre et repoussé l'effet créateur en étendant eux-mêmes la race.

Rien, encore une fois, ne s'est fait par miracle, mais aujourd'hui les cléricaux font bon marché de cette science, on n'a jamais tant vu de miracles qu'à notre époque.

On dirait que ceux qui les fabriquent ont jeté leur dernier va-tout sur cette partie engagée depuis des siècles, nous ne dirons pas avec les crédules, car toute personne sensée n'a jamais cru bien fermement à ces absurdités, mais avec un peuple ignorant jadis, éclairé aujourd'hui, pour savoir qui l'emportera d'eux ou de nous, ce ne sont pas eux probablement, car tous ces miracles sont autant de mystifications qui font ouvrir les yeux.

VI

Ce que voulait le Christ.

Nous pensons que Jésus-Christ était vrai en se disant le fils de Dieu, c'est-à-dire né par la puissance de la nature, et sorti d'un pays éloigné, d'une partie du globe inconnue de nous, où les habitants avaient conservé leur virginité, ainsi que nous le démontrons dans nos *Mystères dévoilés*. C'était l'*homme de Dieu* et non pas l'*homme-Dieu*.

L'univers est grand, et l'homme, quelque profond qu'il soit dans les sciences, ne peut connaître tous les endroits où il règne une douce température. La nature prévoyante n'a pas fait naître l'oranger au nord de la Russie, pas plus que les hommes.

Le Christ est venu pour tâcher de conjurer le mal dans l'abus du plaisir charnel, effet d'une mauvaise nature, qui, par une révélation secrète, faisait selon lui le malheur de l'humanité en amenant la discorde et conséquemment les souffrances de toute sorte. A cette époque, les mœurs étant très déréglées parmi les riches (voir les *Mystères de la Création dévoilés*, page 207).

. . . .

Il est probable que la véritable doctrine du Christ est oubliée aujourd'hui du monde entier. Les traditions et ensuite les traductions ont été altérées même du temps des Hébreux, elles ont fait place à quelque chose de plus commode, mais aussi plus incompréhensible.

Tout porte à croire que c'est lui le premier qui a donné l'idée au peuple de s'affranchir du joug des grands.

Le sang qui circulait dans les veines du Christ était le sang premier, transmis par Dieu, et non dégénéré par l'esprit malveillant qui règne parmi nous, car s'il fût né d'une femme même vierge, il aurait eu le sang de la procréation, et il n'aurait pu être parfait ni immortel.

C'est ce qui fit sa force contre les tentations de notre monde, et les souffrances qu'on lui infligea. Nous ne dirons pas qu'il vint par l'ordre de Dieu. Etant pur Esprit Dieu ne commande rien.

Mais quand on a une ferme croyance en lui et en

ses actes, il est naturellement en vous plus que l'Esprit du *mal*, l'âme est entièrement remplie de lui, il s'ensuit qu'il vous fait don de pénétrations qui sont quelque chose comme une révélation.

N'est-ce pas lui qui parlait au cœur de Sainte-Geneviève et de Jeanne d'Arc.

Par conséquent le Christ créé par la nature et Dieu devait être favorisé de ces dons plus qu'aucun de ceux venus par la procréation (voir les *Mystères dévoilés.*)

. . . .

La vierge Marie était sa compagne, son épouse, sans cesser d'être vierge, elle était la chasteté même n'ayant jamais enfanté.

Jésus-Christ voulait inculquer son idée qui était de s'abstenir autant que possible de l'acte impur ou péché originel transmis par Adam et Ève, c'est-à-dire la reproduction de l'homme par l'homme qui épuise le sang et amène tous les maux de la terre.

Que la chasteté qui constitue la vertu était la seule chose qui pût ramener l'accord et la fraternité entre les citoyens.

— Proclamez cette idée, dit-il, si ce n'est pour

vous-mêmes, que ce soit pour vos enfants, qui la transmettront à leurs descendants, et d'âge en âge, de siècle en siècle, la vérité se fera jour.

« Dieu n'a donné aux premiers hommes que l'amour du cœur. Ne craignez pas que le monde finisse, plus vous faites naître, et plus le mal envoie de fléaux et de maladies pour détruire, et plus il y aura de despotisme parmi vous.

« Il faut se modérer dans cet acte et peu à peu la chasteté renaîtra, et ensuite la paix et l'amitié fraternelle.

« Que la femme soit l'égale de l'homme, et non sa subordonnée ou son esclave, vous reconnaîtrez alors ce que vaut cette moitié de votre âme.

« Que le maître ne détourne pas, par un désir impur, sa servante du sentier de la vertu.

« Que l'époux n'envie pas la femme d'un autre, que chacun se contente de la sienne, ce sera déjà un avancement pour le siècle futur.

« Chez nous, nous sommes tous frères, et le roi est l'égal de ses sujets, n'étant fait roi que par l'estime que ceux-ci professent pour lui.

« Défendez vos droits contre les grands et les superbes.

« Conjurez la discorde. — Que le frère ne porte pas une arme homicide sur son frère, si vos lois le tolèrent, celles de la nature le défendent, brisez plutôt vos armes, etc..

. . . .

Emanant de Dieu, auteur du bien, Jésus-Christ devait mieux imprimer cette doctrine, que tout autre issu des hommes.   .

Beau de taille et de visage, tenant tout de Dieu, c'est-à-dire le *bien*, il le communiquait en quelque sorte à ceux qui l'approchaient.

Dès qu'il touchait les dalles du temple, le *bien* et le *mal* étant deux choses répulsives dans la nature, sa présence semblait chasser le mal, on eût dit que le *bien* être entrait avec lui.

Les fidèles, à son contact et à sa parole, ressentaient quelque chose d'inconnu qui allait à l'âme, son aspect n'éveillait que des idées chastes et pures, et calmait les inquiétudes d'esprit.

Son regard était pénétrant, il y avait dans toute sa personne comme un rayonnement de la puissance suprême. Toutes les femmes sans exception disaient qu'on éprouvait à sa vue une impression douce et affectueuse, exempte de désirs charnels.

VII

La circoncision.

Jésus poursuivait son idée croyant par elle sauver l'humanité. Le pauvre évidemment ne pouvait qu'y gagner, mais les riches crurent y voir leurs intérêts compromis, ce mot *Egalité* effrayait pour l'avenir comme pour le présent.

. . . .

On étouffa les préceptes' du Christ, parce que dans ce temps d'ignorance on eut peur, ou plutôt on ne le comprit pas.

Le nombre de ses ennemis augmentait de jour en jour, l'hostilité prenait des proportions immenses. Bien que très pauvre il fit des jaloux, on le voyait au dessus de tous les philosophes anciens et modernes. . . . .

. . . .

— Il se dit le fils de Dieu, disaient les uns, il va bientôt se croire le plus puissant de la terre, aussi puissant que Dieu même.

C'est un orgueil qui mérite un châtiment, approuvaient les autres.

On lui prêta des discours qui ne lui appartenaient pas, les haines d'un côté, l'ignorance de l'autre, on le trouva très-coupable. On l'insulta, on le railla à outrance, mais Jésus supportait avec courage les humiliations et la souffrance, comme pour montrer aux grands l'humilité; et à tous la patience et la résignation.

— Il dit qu'il est roi. — De quelle nation, s'il vous plaît ? lui demanda-t-on ?

— Le lieu d'où je sors vous est entièrement inconnu, mes frères.

— Il ne sait pas le nom de son pays, c'est un roi sans trône et l'égal de ses sujets...

— Vous venez de Nazareth, et vous voici à Jérusalem.

— Il doit être le roi des Juifs, dirent à l'envi plusieurs plaisants.

— C'est juste, dit un autre, donnons-lui sceptre et couronne.

On lui mit sur la tête une couronne d'épines et à la main un roseau.

Jésus comprit, de plus en plus, qu'il allait être

le jouet de ce peuple qui l'avait acclamé jadis et qui, aujourd'hui, s'acharnait malignement après lui.

Il refusa de prendre le roseau et porta la main à son front pour en retirer la couronne qui le blessait jusqu'au sang. On arrêta son mouvement et l'on retint ses mains.

— Salut, au roi des Juifs, disait-on en le saluant d'une manière grotesque qui amenait le rire dans la foule.

Il dit qu'il vivait avant Abraham, avant Melchisédech et avant tous nos prophètes.

— C'est un fou, disait les uns.

— C'est un orgueilleux, un imposteur, disaient les autres.

— A bas le philosophe ignorant, à bas l'orgueilleux.

— A mort l'imposteur, cria la foule.

Il dit qu'il ne peut mourir. — Pour connaître sa toute-puissance à cet égard il faut le faire condamner à mort.

Emmenons-le devant les juges.

. . . .

. . . .

—De quel pays êtes-vous, lui demanda Caïphe?

— De la patrie des bienheureux !

— Votre nom ?

— Jésus.

— Votre âge ?

— Je ne pourrais le préciser.

— Pourquoi êtes-vous venu parmi nous ?

— Pour une mission sainte et sacrée.

— Laquelle ?

— Celle de délivrer les enfants des hommes du péché d'impureté.

— Qu'appelez-vous les enfants des hommes ?

— Ceux conçus par les hommes.

— N'en êtes-vous pas un vous-même ?

— Non.

— Quel est donc votre père ?

— Dieu.

— Et votre mère ?

— La nature.

— Qu'appelez-vous péché d'impureté ?

— La conjonction de l'homme et de la femme.

— Comment donc le monde se serait-il fait ?

— Par Dieu et la nature qui sont les maîtres de l'univers. Je vous le dis, en vérité, mes compatriotes et moi, nous sommes issus de Dieu et non des hommes.

. . . .

. . . .

— Persistez-vous à dire que vous êtes le fils de Dieu, et non un homme conçu comme nous dans le sein de votre mère?

— Je suis le fils de Dieu et de la nature, je ne puis sortir de la vérité.

— Il a blasphémé, dit Caïphe, qu'il soit mis à mort comme le peuple l'a résolu. (Voir dans nos *Mystères dévoilés* ce qui fit croire à sa résurrection.)

. . . .

Les cinq plaies du Christ sont en quelque sorte une allusion aux cinq plaies de notre société, qui sont les cinq vices les plus apparents et par lesquels il a souffert, savoir : L'orgueil, la concupiscence ou l'envie, la jalousie, la luxure et la discorde.

Et pourtant c'est la vertu qui pourrait aider au développement d'autres institutions plus douces.

Jésus ne fit autant de bruit que par son idée qu'on trouvait étrange, n'ayant que la chasteté pour base et démontrant aussi clairement que possible que cela seul pouvait rendre le bonheur et la santé.

A cette époque où les mœurs étaient très déréglées, son idée fit sensation. Cette doctrine semblait impossible au premier abord, mais dans la plupart des consciences, surtout quand le Christ était là, et qu'il la pratiquait lui-même et la prêchait avec tant de persuasion, elle paraissait facile à établir par la raison qu'il la communiquait en quelque sorte.

Il y en eut beaucoup à cette époque qui la pratiquèrent sincèrement, hommes comme femmes faisaient vœu de chasteté, c'était comme un crime de ne pas l'observer. . . . .

Mais avec la disparition du Christ le *mal* reparut. (Voir nos *Mystères dévoilés*.)

Les prêtres qui la prêchèrent à cette époque, voyant qu'ils ne pouvaient introduire cette vérité, car le Christ n'était plus là pour persuader, le mal reprenait plus d'empire, ces prêtres, disons-nous, qui ne l'observaient plus eux-mêmes, furent forcés d'y renoncer, et d'établir autre chose pour maintenir la religion.

6

Au lieu de dire que cet homme avait été créé par la nature, pour continuer à dire qu'il était né de la chasteté; on en fit un Dieu né d'une vierge par l'opération du Saint-Esprit.

A cette époque encore barbare, le christianisme relevait la femme, en la faisant mère de Dieu, cela lui donnait un certain prestige et la purifiait de la brutalité exercée sur elle, car on ne pouvait pas, en définitive, supprimer tous les préceptes du Christ que beaucoup, à cette époque, avaient trouvés praticables. . . . .

La circoncision, selon nous, est encore un outrage parmi tant d'autres outrages qu'on a fait subir à Jésus.

Chaste, doué de toutes les vertus qui le rendaient aimable. Soutenant comme nous venons de le voir, qu'il n'avait point été conçu dans le sein d'une femme, qu'on ne connaissait point chez eux ce plaisir charnel, il excita des haines, et pour qu'il fût comme les autres passible à la génération, on le contraignit à subir la circoncision, règle qui resta établie chez les Juifs.

Ensuite on fit tout pour le tenter, dans l'amour des sens.

Mais Jésus, fort et énergique contre le vice, issu du sang divin, ne pouvait succomber au mal et il resta chaste quand même.

Mon livre est moins scientifique que celui des grands naturalistes; mais il n'en est pas moins utile en ce que je dépeins combien le sang était généreux au premier siècle, et combien il se maintenait généreux par les vertus transmises par la nature sous l'empire de Dieu, intelligence suprême qui les avait faits forts pour vaincre ce penchant. . . . .

. . . .

VIII

Toute science a son utilité, mais la meilleure et la plus belle serait celle qui pourrait rendre la vie exempte de maux, qui pourrait faire renaître le bien-être et la santé, l'accord entre les citoyens, et la fraternité si douce qui existait au commencement du monde par l'égalité des conditions.

Ces choses ne sont plus possibles aujourd'hui; cependant si on ne peut en cela avoir tout, on pourrait toujours en obtenir une partie.

Pour y arriver, il faudrait forcément se restreindre dans cette passion. On pourrait éteindre une partie de ce fléau, en établissant d'autres mœurs, d'autres usages, d'autres maximes plus saines, comme nous en donnons l'idée dans les *Mystères dévoilés*, et dont nous rapportons ici quelques fragments.

L'homme sensé, s'il se pénètre bien de cette idée, conviendra que c'est l'affection vive et sincère du cœur qui est le véritable amour.

C'est celui-là qui est un besoin et non pas l'autre, car c'est celui-là que Dieu a transmis aux premières créatures.

Depuis des siècles, on a confondu ces deux choses, sans réfléchir qu'il pouvait y avoir erreur.

Si dans le principe ont eût fait des efforts pour se vaincre, on y fût parvenu. Mais les hommes, au contraire, se sont toujours fait une gloire de cette faculté.

La population à cette époque étant peu nombreuse, ils établirent que celui qui avait le plus d'enfants était le mieux favorisé de la nature, et cette règle est toujours restée pour le bien des gouvernements.

La société et les lois l'ayant établie, à force de la pratiquer, elle est en quelque sorte passée à l'état de besoin.

Mais ce besoin est un peu comme celui de fumer, chez les personnes qui en ont pris l'habitude, à différentes heures de la journée, où quand il y a longtemps qu'elles en ont usé.

6.

Telle personne ne peut se passer de fumer, celle-ci de priser, cet autre de prendre du café à ses heures.

Ainsi, on prend dans l'enfance une habitude, comme par exemple un mouvement du corps ou de la tête et qu'on nomme *tic*, et on ne peut plus s'en défaire que très difficilement.

Comme aussi celui qui fait du bruit en se mouchant, il semble que son nez en a pris le pli, il ne peut plus procéder autrement dans cette action.

Il semble à l'ivrogne qu'il ne peut vivre sans boire ; plus il boit, plus il veut boire.

De même que plus on s'enivre de voluptés, et plus on aime à s'y plonger, et une foule d'autre chose que nous adoptons sans y penser.

On a besoin de manger et de dormir pour vivre, mais quant à cet amour des sens, ce n'est pas un besoin proprement dit.

Il est certain qu'on ne peut plus revenir sur cette règle ; elle est tellement enracinée aujourd'hui, que le physique s'y est assujetti, mais si on s'abstenait on en serait mieux ; on pourrait faire d'autres mœurs à cet égard.

Quand l'un proclame une chose, on est un peu comme les moutons de Panurge.

· Ainsi, on établit un principe, un jugement si faux qu'il soit, très souvent on l'adopte.

· Les hommes, généralement, sont assez faciles à convaincre, à plus forte raison si on leur montrait l'exemple de quelque chose qui serait juste et sensé.

Ce plaisir des sens est une habitude qu'on a montée à un très haut degré, en flattant l'amour-propre des hommes à cet égard. La civilisation l'ayant établi, c'est déjà un stimulant.

Ensuite, on accueille avec courtoisie, on choie un charmant viveur, toujours en bonne fortune, il s'en faut peu qu'on ne lui décerne une couronne, tout cela met encore en mouvement l'action, la met en faveur. On se vante d'être luxurieux plus qu'on ne l'est réellement.

Aidez à une chose, montez-la aux nues; pénétrez-vous d'une idée avec la ferme volonté de la faire adopter, on la mettra en pratique, et bientôt on la fera passer à l'état de besoin, c'est probablement ainsi que la luxure s'est étendue au temps primitif.

Si, je suppose, la société faisait plutôt une honte qu'une gloire de cette action, on finirait bien par voir qu'elle n'est pas un si grand besoin qu'on se l'imagine, on en ferait beaucoup moins d'abus et les mœurs y gagneraient, car nous l'avons dit, ce sont les lois et les usages qui font la conscience et la morale de bien des gens.

Ce serait la chose du monde la plus malsaine qu'on l'adopterait également, si la loi et les usages l'adoptaient.

Croyez bien encore une fois, qu'au temps primitif on a regardé cette action comme très-immorale, et ce n'est qu'à la longue qu'on s'y est habitué.

La plupart des hommes, s'ils veulent être francs, diront qu'on recherche la femme par sympathie, qu'on l'aime plus pour une simple caresse que pour le plaisir des sens.

Très souvent on s'excite pour faire ce qui est admis, ou plutôt pour rendre hommage à la femme; il semble que sinon, ce serait lui dire qu'elle n'a aucune influence sur vous, et que, autrement, c'est lui avouer qu'elle vous plaît.

Eh bien! on se méprend, la femme est plus

flattée de l'amour du cœur que de celui des sens.

La civilisation aide à bien des choses, d'autres l'on dit avant nous ; on se forme à son contact, elle agit énormément sur le moral, et le physique s'en ressent, principalement sur nos organes.

Si, je suppose, on procédait à l'inverse, si au lieu de flatter le luxurieux dans ses goûts, on s'en moquait, si on le regardait avec moins de considération que celui qui est sage ou impuissant, si on lui en faisait comme un crime.

Et au lieu de rire de ce dernier, si on disait qu'il est privilégié de la nature, qu'il en possède les dons les plus précieux.

Si on lui accordait de la déférence en reconnaissant en lui des qualités qui le distingnent des autres.

Si on établissait qu'il est un homme rare, un homme d'élite, peu enclin au mal, constitué pour la vertu, possédant dans ses veines une plus large part du sang primitif (1), qui le rend héréditaire de plus de perfections, de plus d'intelligence que

____

(1) Nous possédons toujours une partie du sang premier par nos premiers pères qui nous l'ont transmis. (Voir nos *Mystères dévoilés*, page 43).

es autres, celle du bien qui le rapproche de l'Être suprême. Et s'il était à cause de cela honoré et respecté, quelle que soit sa position, alors, ce serait à qui voudrait être comme lui, on l'imiterait, on chercherait à vaincre cette passion.

L'intelligence du bien aidant avec la civilisation qui l'approuverait, on y parviendrait, sans aucun doute.

Tout homme enclin à la luxure s'abstiendrait, et encore une fois les mœurs y gagneraient. La femme n'étant plus détournée de la voie de l'honneur, le pays serait plus vertueux.

Ainsi Jean-Jacques Rousseau, dans son contrat social, indique une forme de gouvernement qui n'avait pas existé jusqu'alors, c'est lui qui a donné l'idée du suffrage universel, idée excellente !

Eh bien! à cette époque les ennemis de la liberté et du progrès la repoussaient, la disant impossible et même dangereuse pour le bien du pays.

Cependant il y a à peine un siècle de cela, et aujourd'hui elle est adoptée et pratiquée, non pas sans qu'il y ait encore quelques opposants. — Un siècle encore et il n'y en aura plus. A ce propos, on nous permettra de faire ici une observation. Le radicalisme que quelques-uns désavouent et blâment très fort, est cependant très nécessaire, en ce que sans eux, les ultramontains empié-teraient, et nous feraient retomber sous le despo-tisme. Ils maintiennent l'équilibre.

Les ultramontains d'un côté, les radicaux de l'autre, cela a amené le gouvernement démocra-tique d'aujourd'hui.

Ce sont les jésuites qui se disent républicains qui sont le plus à craindre, parce qu'ils ne sont républicains que par hypocrisie.

Ces mœurs, ces principes que nous mettons en vue, ne sont pas plus difficiles à pratiquer, et quelquefois moins que beaucoup d'autres qui se pratiquent journellement.

Il est des choses qui, au premier abord, parais-sent impossibles, et qui par la suite, lorsqu'on s'y est habitué, ne le sont plus.

En réfléchissant sur l'humanité, on comprendra la justesse de ce raisonnement.

Ainsi, que l'on se reporte à l'époque où on a institué la religion catholique, avec toutes ses complications et ses miracles.

— Est-il possible, se dira toute personne qui

raisonne, qu'on ait adopté et pratiqué une religion qu'on ne peut comprendre, et cela depuis des siècles...

— Mais on la pratique encore, dira-t-on. — Sans doute, on a été bercé dans ses croyances, et il est difficile de s'en défaire, nos ancêtres nous l'ont transmise, de génération en génération, on l'observe sans jamais la comprendre.

Les uns par hypocrisie, pour être agréables à celui-ci, à celui-là, les autres par esprit de parti, le plus grand nombre par habitude, et pour faire ce que nos pères ou plutôt nos mères ont fait.

Cependant cette religion énigmatique et entourée de mystères, tous ces dogmes évangéliques, tous ces non-sens, ne nous paraissent pas plus vrais, que si quelqu'un par exemple venait nous dire que la Seine a pris feu comme du pétrole, par le fait d'un individu, qui en passant sur un pont, y a laissé tomber une allumette enflammée. Or, toutes ces choses, on les a toujours pratiquées sans les comprendre, pourquoi alors ne pourrait-on pas pratiquer ce que l'on comprend bien, comme les mœurs simples et douces que nous avons dépeintes. Si les prêtres et instituteurs y apportaient leur zèle, on y parviendrait.

Les doctrines simples du Christ ont été, selon nous, dénaturées par une société d'hommes en grand nombre, les jésuites, qui établirent ces préceptes, en ayant soin de dire : *Croyez, mais ne cherchez pas à comprendre.*

A cette époque reculée on était peu éclairé, et ils en abusèrent pour dominer le monde, par la crainte du courroux céleste, et les menaces de l'enfer ; et ils y parvinrent et furent cause de bien des malheurs pendant plusieurs siècles, par la raison qu'ils surent s'allier les rois, les chefs de l'État.

Car, remarquez bien que dans le principe, on usa de violence pour faire adopter cette religion. Les hérétiques étaient persécutés et mis à mort, on les enfermait dans des cachots noirs, on les brûlait vifs, l'inquisition en est une preuve. Il fallait l'adopter quand même, elle est donc l'œuvre de la tyrannie et non une vérité.

7

IX

Les prêtres futurs. — Une nouvelle religion.

Non pas que nous voulions supprimer les temples et toute religion, pour qu'une nation reste digne, il en faut une. — Les peuples mêmes les plus sauvages ont leurs croyances.

Mais aujourd'hui qu'on ne marche plus dans les ténèbres, que la superstition disparaît, il en faut une claire et précise, sans mystères et sans miracles.

Il en faut une n'ayant pour base que le bon sens et alors elle sera facile à pratiquer.

Il y a beaucoup trop de prêtres, il ne faudrait pas qu'un homme se fît prêtre, comme on se fait notaire ou menuisier, ce ne doit pas être chez eux un état proprement dit, il faut avant tout une vocation réelle.

Pour prêcher la vertu et en donner l'exemple, il faut un homme probe et honnête sous tous les rapports, cela va sans dire ; mais il faudrait encore qu'il fût autant que possible exempt de vices, susceptible, en un mot, d'observer la chasteté la plus rigoureuse.

Et qu'avant de prononcer ses vœux, qu'il ne pourrait faire qu'à l'âge de cinquante ans, il se consulte et cherche bien à se connaître, qu'il regarde au dedans de lui, pour savoir, s'il n'est point trop porté sur la luxure, notre point essentiel.

Tous les hommes sont plus ou moins portés à cela, mais il y a bien quelques exceptions ; elles sont rares, dit-on, c'est pourquoi il faut un très petit nombre de prêtres, ne se bornant pour l'instruction religieuse qu'à notre doctrine, qu'à nos maximes qui n'induisent point en erreur, on peut conseiller de se procurer notre livre.

Pour une religion peu compliquée, cela est facile à établir. On les trouverait parmi les natures d'élite, parmi ceux qui se sentiraient assez forts, assez énergiques pour vaincre le léger penchant qu'ils reconnaîtraient encore en eux ; acceptant pour principe que ce désir n'est que l'effet d'une mauvaise nature qui ne veut pas perdre ses privilèges, et qu'il faut repousser.

Il y a des hommes raisonnables, et il en est bien qui s'en sentiraient capables.

Ensuite il y a des anaphrodites, ce n'est point une infirmité, ils ont la santé et possède l'intelligence comme les autres, seulement on les rend pusillanimes par ce sot préjugé qui les met presque au rang des avortons.

Prêchée par la bouche d'un homme vénérable pratiquant et observant lui-même ce qu'il indiquerait, la religion ne serait plus un non-sens, une absurdité.

Est-il possible qu'à notre époque on inculque encore dans l'esprit des enfants des idées qui remontent à dix-huit cents ans, aux temps barbares, idées que la plupart trouvaient déjà déraisonnables, puisqu'ils n'y cédaient que parce qu'on les y contraignait.

Le catholicisme aujourd'hui tel qu'il se pratique est usé et tombe en décrépiude.

Sur bien des choses, il faut que le passé disparaisse pour faire place au présent, au progrès.

Cette religion si simple que nous formulons donnerait peu d'ouvrage aux prêtres.

Instruire les hommes sur leurs droits sociaux et sur leurs devoirs envers tous. Leur déployer l'idée d'une religion n'ayant pour base que la vertu, la probité, les bonnes mœurs. Leur faire entendre qu'en observant la chasteté, c'est se rapprocher de Dieu, et s'exempter de bien des maux. — Que la débauche et les excès avancent le terme de l'existence. — Que le travail est la chose la plus salutaire pour entretenir le bien-être. — Que Jésus-Christ a dit : Luxurieux point ne seras, où soyez chastes et vertueux. — Et qu'il ne faut désirer la femme qu'en mariage seulement.

Les dégoûter de la luxure, qui est notre point capital, leur en faire un crime comme du vol.

Élever les enfants dans la crainte de toutes ces choses comme on les élève dans la crainte de Dieu et des flammes de l'enfer.

Leur faire considérer la vertu comme étant Dieu lui-même, car il la personnifie en quelque sorte ; — leur faire comprendre qu'en aimant l'une, c'est aimer et honorer l'autre. — Que l'amour de la chasteté et des bonnes mœurs est la plus belle des religions, et la plus vraie, et la

7.

seule qui soit agréable à Dieu, et la seule aussi que le Christ ait prêchéc et établie.

La chasteté, la vertu, les bonnes mœurs sont synonymes de Dieu.

Voici aujourd'hui la seule religion possible, et sur laquelle peut-être on ne pourrait pas revenir, car ce serait une religion à la portée de toutes les intelligences.

Les hommes qui la prêcheraient l'observant eux-mêmes, elle ne paraîtrait pas impraticable.

Ce ne seraient pas des hypocrites ni des saints, mais des sages, des philanthropes, considérés et proclamés comme tels; ils seraient honorés, respectés et vénérés. Ce serait là le seul honneur qu'ils retireraient de leur labeur et cet honneur en vaudrait bien un autre.

Mais alors, il faut des hommes sans passions, sobres et modestes, ne rêvant ni honneurs ni fortune, se modelant sur le Christ, et se passionnant pour leur œuvre, ne désirant rien autre chose que de se faire comprendre dans cette doctrine, et apportant tout leur zèle à la faire pratiquer. Et si l'un d'eux s'écartait de la chasteté, ce serait pour lui la destitution et la prison.

Qu'il y ait cinq prêtres dans une grande ville, un ou deux dans chaque autre ville, selon son degré d'importance. Un pour plusieurs villages rapprochés l'un de l'autre,

Ceux qui seraient pauvres pourraient être payés par le gouvernement comme certains instituteurs, parce qu'alors ils seraient utiles au lieu d'être nuisibles. Mais comme ils seraient modestes et peu nombreux, n'ayant que la vocation de travailler pour le bien de l'humanité, ils se contenteraient d'un faible traitement et ce serait peu dispendieux. Quant à leurs temples, ils seraient sans aucun luxe et entretenus par les gens riches, amis de cette religion.

Leur travail consisterait en une instruction chaque soir, tantôt dans une église, tantôt dans une autre.

Il est bien entendu qu'il n'y aurait ni pape, ni évêque, ni archevêque, par conséquent ni messe, ni confession, ni communion, ni baptême, ni autres sacrements, qui sont absolument inutiles pour le bien d'une nation, et tout à fait indifférents au bon Dieu.

Le prêtre qu'on impose au malade effraie

celui-ci, et peut avancer sa mort. Les messes, les offices n'ont été établies que pour occuper le prêtre.

Toutes ces choses semblent être de l'idolâtrie, où plutôt une comédie avec une mise en scène et des décors plus ou moins somptueux.

Ainsi, parce qu'un homme revêtu du caractère de prêtre, qui peut être vertueux sans doute, mais qui peut aussi être plus vicieux que nous, nous jettera quelques gouttes d'eau sur la tête avec quelques paroles latines, nous sommes purifiés, nous sommes sauvés. C'est aussi salutaire que si nous adorions un fétu de paille, et tous les autres sacrements également.

La communion seule ne nous paraît pas trop hors de bon sens quand elle se fait en commun, il y a comme de la fraternité dans cet acte.

La confession n'a été fondée que pour connaître les secrets des familles; elle est malsaine pour les jeunes filles.

La plupart des prêtres trouvent eux-mêmes les préceptes de l'Évangile très faux, il paraît, puisqu'ils s'en écartent.

Ils ne croient pas eux-mêmes à leur religion,

puisqu'ils n'observent pas les commandements de Dieu.

Si la luxure est un péché pour tout individu, le prêtre est encore plus coupable en s'y livrant. Et presque tous en secret ne s'en font aucun scrupule; cette religion alors n'a pas de raison d'être; de tels hommes ne peuvent représenter Dieu ; d'ailleurs, aucun ne peut le représenter, ce serait de l'orgueil.

Mais on peut rencontrer des hommes sages, vertueux, possédant l'amour de la chasteté, et le sentiment du bien au plus haut degré. — Il y en a peu, c'est pourquoi, il est de la plus grande nécessité de n'avoir qu'un très petit nombre de prêtres.

On sait bien que toutes ces réformes ne peuvent être faites du jour au lendemain, il faut du temps, mais elles ne sont nullement impossibles. Et il serait juste pourtant de consulter tous les citoyens d'une nation pour savoir s'ils veulent un pape pour chef.

Dans notre religion si simple, les fêtes ne seraient point exclues. Les prêtres, les adeptes, les croyants, composeraient des hymnes et des cantiques en l'honneur de Dieu, et les chanteraient dans le temple.

On en composerait sur la vertu, sur la chasteté, sur les belles œuvres de la nature. On célébrerait la venue du Christ ; on chanterait la virginité dans sa personne, et dans celle de la vierge Marie, son épouse sans cesser d'être vierge (voir nos *Mystères dévoilés*).

On proclamerait ceux qui, étant libres, car couvents et communautés n'existeraient plus, resteraient chastes et vertueux.

On décernerait de temps à autre un prix, un honneur à celui ou celle des jeunes gens et des jeunes filles qui observeraient mieux toutes ces choses.

Enfin, il y aurait encore quelques fêtes peu dispendieuses, car tout ce qui viendrait de l'église serait modeste.

Les enterrements seraient civils, sans qu'on puisse les blâmer, ceux qui voudraient le prêtre seraient libres de l'employer. La cérémonie religieuse serait la même pour le pauvre comme pour le riche.

Toute religion, en général, ne se professe que

superficiellement, par convention.— Qu'importe, du moment qu'on l'introduit dans les mœurs, qu'elle fait partie de la civilisation, on en tient compte.

Combien de choses dans les usages nous déplaisent, et auxquelles cependant nous sommes obligés de nous soumettre.

La religion catholique avec toutes ses énigmes, a eu malgré cela, à force de la prêcher, des croyants, pourquoi la nôtre plus facile n'en aurait-elle pas?

A force de prêcher la sagesse, la vertu, la chasteté, par des hommes sages, on parviendrait à la faire pratiquer; elle s'appuie sur des bases saines et solides.

On ne se ferait plus un trophée de ses vices, au lieu de se surexciter on s'abstiendrait; il s'ensuit que, par la suite, le vice deviendrait aussi rare que l'est aujourd'hui la vertu. La vie deviendrait plus douce, le sang reprendrait quelque vigueur, et par conséquent, l'existence serait plus longue. Car, nous l'avons dit, on adopte toujours ce que l'on met en usage.

Si le gouvernement, où ceux qui tiennent la

société par leur position sociale, donnait l'élan à cette chose, on se persuaderait qu'elle n'est pas impraticable, et on s'apprêterait à la fonder.

Si on rétribuait la femme assez pour qu'elle puisse se subvenir à elle-même, on ne ferait plus métier de l'amour, si on s'abstenait, il y aurait à la longue moins de monde sans travail, il y aurait moins de crimes et nous aurions un pays plus vertueux.

Non, un prêtre ne doit pas se marier ; si un prêtre n'observe pas la chasteté, qui donc l'observera, ce serait nier la vertu, avouer qu'elle n'existe pas ; ce serait prendre pour principe que la chasteté est impraticable ; ce qu'il ne faut pas, alors que les mœurs sont si déréglées.

Un prêtre marié, c'est quelque chose de monstrueux ; on repousse cette idée. Le caractère du prêtre est sacré.

Nous savons que la luxure a amené tous les vices ; il ne faut donc pas que le prêtre en use ; c'est l'abus de ce plaisir qui a détruit la santé. Il faut donc quelqu'un de vertueux dans toute l'acception du mot, observant rigoureusement la chasteté, pour que le peuple l'observe en plus minimes proportions, puisque le tout pour la généralité est impossible; pour qu'il puisse enfin persuader par lui-même que s'abstenir, réduire ses sens par une ferme volonté n'est pas impossible.

Notre mère Nature a conçu nos premiers pères sans désirs impurs; elle leur transmettait la chasteté, et dans le principe elle devait rester parmi eux.

Encore une fois cette doctrine de la chasteté immuable a été instituée par Jésus-Christ et recommandée aux prêtres, dans le but d'en donner l'exemple aux peuples, afin que les mœurs soient plus douces.

Et les prêtres et les instituteurs doivent instruire les hommes et les enfants en vue de cette doctrine, car, en définitive, la plaie la plus hideuse de la société, c'est la luxure.

N'ayant donc besoin pour notre religion que de quelques prêtres, on peut les trouver parmi les plus vertueux. Sans être précisément impuissants, il en est bien quelques-uns que ce penchant laisse à peu près indifférents; il y en a peut-être plus qu'on ne le pense, par la raison que l'usage ayant établi que celui qui ne peut avoir d'enfants est mal conformé ou déshérité de la nature, cela froisse et on n'ose pas l'avouer.

C'est si vrai, qu'en général ceux qui ne sont pas portés sur la luxure, veulent, par vanité ou par fanfaronnade, faire croire qu'ils le sont, pour n'être pas contre les usages ; mais en détruisant ces mœurs pour les remplacer par de plus saines, l'inconvénient n'existerait plus.

Il y a déjà beaucoup trop de prêtres, parce que la luxure tant qu'elle ne se fait pas trop ouvertement, est tolérée parmi eux, et si on leur permettait le mariage, il y en aurait encore davantage.

Et il n'est pas dit que le prêtre marié serait fidèle à sa femme et à ses devoirs de mari et de père de famille, car plus on se livre à ce penchant, et plus on y prend goût. L'adultère peut s'introduire parmi eux. La maison conjugale peut cacher des intrigues.

Cette licence dans leur ordre en amènera d'autres, et le mal sera pire. Il doit combattre toute passion à ce sujet.

Le prêtre usant de la luxure même par le mariage détruit lui-même le catholicisme et rend toute religion impossible.

Du moment qu'ils s'écartent de la chasteté qui fait leur dignité, qu'ils la suppriment en eux, nous avons le droit de supprimer les prêtres.

La chasteté forme la base de toute religion.

Un homme a-t-il donc besoin d'avoir des enfants à lui, pour savoir comment on peut les gouverner? N'a-t-il pas eu sa famille, et n'est-ce pas plutôt la femme qui est tout pour les jeunes enfants? N'est-ce pas elle qui leur donne les premières notions des choses de la vie?

Depuis un siècle on détrône les rois; le pape est une puissance pourtant; tout ce monde d'ecclésiastiques est en quelque sorte un État, et un État qui ne conclut à rien de bien sérieux : l'Église ne fait rien de valable.

Il ne doit pas y avoir deux États dans une nation, il ne doit y avoir qu'un chef, nommé par tous les citoyens riches comme pauvres de cette nation.

Non pas que nous doutions des capacités des prêtres ; mais par leur profession, qui n'est que fantaisiste, ils ne font rien de profitable, et cela ne regarde en aucune façon le gouvernement.

Les cultes doivent être libres, nous n'allons pas contre ce principe; mais le haut clergé est exigeant, et, en conscience, le gouvernement ne leur doit rien.

Cette religion n'est donc pas tant inoffensive que ses partisans veulent bien le dire; elle est nuisible encore par l'instruction que les prêtres donnent aux enfants.

Malheureusement, le catholicisme n'existe pas que dans une nation, il s'étend sur plusieurs points du globe, et il s'ensuit que le pouvoir du pape s'étend loin; ses partisans nuisent à la République, et ils sont à craindre... Étant opposés au gouvernement actuel, ils peuvent amener la discorde et même les guerres.

Cependant les peuples aujourd'hui sont éclairés; bien des puissances aussi nous comprennent en cela, et il serait à souhaiter qu'ils prissent comme nous l'initiative, et qu'ils nous aidassent dans cette idée, celle de séparer le parti clérical de tout gouvernement.

D'ailleurs ce parti aujourd'hui ne tiendrait pas à grand'chose, si on le voulait : le catholicisme est usé, et les gouvernements pour cela n'auraient qu'à lui refuser l'appui qui le soutient, et il tomberait de lui-même.

X

Les séminaires.

Pour prendre le mal dans ses racines, il faudrait commencer par supprimer les séminaires. Un jeune homme de dix-huit à vingt ans ne peut savoir s'il pourra exercer consciencieusement sa profession. — N'est-ce pas un crime de vouloir faire un prêtre d'un jeune homme de cet âge? On peut pratiquer la chasteté en liberté, sans en faire un état, comme dans les couvents et les communautés, toutes choses très-coûteuses.

Les couvents et les communautés sont nuisibles à l'humanité. — Pour être bon, l'homme avant tout doit être libre; cette liberté aide à développer son intelligence et le germe des bons sentiments qui sont en lui.

Le Christ, homme de la nature dans toute l'acception du mot, était bon et vertueux.

Les séminaires sont pernicieux et inutiles. Les

reclus s'exposent à l'abrutissement. Ces jeunes gens n'ont point l'exercice du corps; ils n'ont que l'étude pour travail. — Et quelle étude? — Quel travail? — Celui de déchiffrer une religion indéchiffrable, d'étudier des dogmes impossibles.

C'est en vain qu'on leur dira : Ce sont des mystères, ne cherchez pas à les pénétrer; — ayez la foi, croyez sans comprendre, ou faites semblant de croire, et vous ferez un bon prêtre.

Toute personne intelligente cependant cherche à s'expliquer ce qu'on lui dit de croire. — On a beau les initier aux mystères, ils n'y voient pas plus clair que nous. — Tout cela est comédie!

Il se creuse en vain la tête; il s'ensuit que toutes ces choses que, dans son jugement, il trouve fausses et qu'on lui ordonne de pratiquer, changent son caractère; cela le rend hypocrite et gâte son bon naturel. Cette concentration donne prise à l'esprit du mal, et rend parfois cet homme plus vicieux que s'il eût été libre.

De même que, parmi les civils, c'est en vain qu'on leur dira : *Croyez, mais ne cherchez pas à comprendre ;* ayez la foi, et vous ferez votre salut, et votre âme sera sauvée.

Comment peut-on avoir la foi en une chose que l'on ne peut expliquer, et comment notre âme qui est la pensée peut-elle survivre, quand notre corps n'est plus que poussière? Si on le dit, c'est pour ne pas désoler l'humanité.

Pourquoi entretenir les gens dans des idées fausses, et élever les enfants dans ces mêmes idées qui ne peuvent que leur gâter le moral?

Pourquoi les pousser dans la voie des chimères plutôt que dans celle du bon sens, par des préceptes sages et compréhensibles, et, par conséquent, plus salutaires? Ce serait du progrès.

C'est donc notre religion qui est la meilleure ; c'est elle qui doit remplacer l'ancienne qui n'a plus raison d'être.

XI

Une question sociale.

Hormis les prostituées, dans l'amour illégitime, ce n'est jamais la femme qui provoque, ou du moins c'est bien rare; l'homme est toujours le plus coupable.

Chez les animaux, la femelle très-souvent fuit le mâle. La femme se défend généralement contre les tentatives de l'homme.

Mais on rejette toujours la faute sur celle-ci; de sorte qu'elle a pour elle tous les fardeaux, celui de l'enfant, quand il en survient, et celui du déshonneur. — Mœurs bizarres ! L'homme se dit supérieur, il voit la femme inférieure à lui sous plus d'un rapport. Évidemment, elle lui est inférieure physiquement, mais malgré cela, il faut pour la moralité qu'elle soit la plus forte pour lui résister.

L'homme n'ayant pas à rendre un compte bien sévère de sa conduite à la société, cherche à remporter une victoire même sur celle pour laquelle il n'éprouve qu'un caprice.

Cependant, puisqu'il est son Mentor, c'est lui qui devrait dompter ses passions, pour lui enseigner à combattre les siennes; mais il la violente, au contraire, par de fausses promesses ou par des cadeaux, ou même par de l'argent, si elle est pauvre.

Et il faut que la femme qui, selon eux, est la plus faible moralement, se défende contre tout cela, qu'elle ait de la raison pour les deux.

En définitive, pourquoi l'homme n'aurait-il pas, de son côté, la pudeur, le mépris du mal, et ne se défendrait-il pas contre la séduction?

S'il est supérieur à la femme en sagesse, si son jugement est plus juste, pourquoi ne s'arrête-t-il pas devant l'inconvénient d'un commerce illégitime?

Il est donc bien insouciant de la moralité, de la dignité d'une nation, s'il ne veut pas reconnaître que la vertu n'est pas un vain mot, qu'elle doit être pratiquée. Lui qui se dit éclairé, marche en cela dans les ténèbres.

—Cela ne porte préjudice à personne, dira un libertin, qu'une femme non mariée prenne un amant.

— Pardon ! cela nuit à la société par l'exemple d'une immoralité, et la femme se nuit à elle-même en perdant l'honneur, et en s'exposant à mettre au jour un enfant qui sera malheureux par une naissance illégitime.

Les hommes font eux-mêmes les lois, et ils sont tolérants pour leurs fautes, et pas assez pour celles de la femme.

On s'occupe depuis longtemps d'une question sur la recherche de la paternité, et on ne conclut pas facilement.

La question est arduc ; l'homme qui commet la faute ne prend pas de témoin, et il nie quand même.

C'est en vain que l'on discutera sur ce sujet, il y aura toujours ceci ou cela, tel ou tel inconvénient, et par conséquent des femmes victimes et des petits enfants qui mourront martyrs.

Sans parler de cet autre inconvénient qui regarde l'intérêt des familles, il y a encore que, si l'on force un homme à épouser la femme qu'il a rendue mère, il fera un très-mauvais mari. L'homme veut bien s'amuser, mais épouser, c'est autre chose. Voici comme la plupart regardent la chose; c'est toléré par les mœurs.

Maintenant, si l'on impose à un homme de reconnaître un enfant qui sera un fardeau pour lui, il ne le voudra pas; si on l'y contraint par la force, il fera un très-mauvais père. Tout cela peut mener au crime.

Encore une fois, la question est difficile à résoudre.

Eh bien! que les hommes se modèrent dans leurs passions, qu'ils réforment leurs vices.

Que l'on fasse un crime à tout homme de détourner une femme de la voie de l'honneur que l'on punisse celui qui recherche une femme, lui laisse un enfant, et ne veut pas s'en reconnaître le père; qu'on introduise cela dans les mœurs. Si le commerce illégitime est le déshonneur pour la femme, qu'il le soit aussi pour l'homme.

Alors blâmé de tous, le luxurieux aura honte de son action, et il se contiendra.

Car, quoi qu'on dise ou qu'on fasse, avec les mœurs actuelles il y aura toujours des femmes victimes et des petits enfants malheureux.

Si la femme provoque au lieu de se défendre, et qu'elle mette son enfant aux Enfants-Trouvés, qu'elle soit punie également.

Ou alors que les hommes de l'art travaillent, qu'on réduise les sens, et si cela n'est pas possible, tant pis! Il vaudrait mieux, je crois, que le monde finisse, que de faire des misérables; que de voir des femmes et des enfants si malheureux, les unes par le déshonneur, les autres par une naissance illégitime.

XII

Le seul culte possible.

Que l'on s'abstienne, que l'on détruise la prostitution ; que la vertu et les bonnes mœurs soient le point de mire de notre société ; qu'on s'efforce d'être vertueux, et alors on croira en Dieu. Au lieu de se faire une gloire de la luxure, qu'on se fasse hautement une gloire de la chasteté : cela mettra en faveur cette vertu.

Que ceux qui l'observeront soient considérés comme les plus grands philosophes, comme les hommes les plus éminents et il y aura des amateurs.

Notre mère Nature a conçu nos premiers pères sans désirs impurs ; naturellement elle leur transmettait la chasteté. Innée en eux, elle devait rester parmi eux ; ils l'ont perdue par un désir impur.

Un culte donc à Dieu, qui représente la chasteté, source de tous biens, ou un culte à la chasteté, qui représente Dieu ; voici le seul culte possible aujourd'hui. . . . .

. . . .

La nature a fait deux sexes différents, pour ne pas qu'il y ait monotonie, ni trop d'uniformité entre l'homme et la femme; pour qu'il y ait, au contraire, par cette différence de forme et d'allure, et par une certaine diversité de caractère qui dispose à l'attachement, attraction entre eux.

Dieu donna aux couples, non-seulement les sentiments de fraternité et d'union, mais encore l'amour vif et entraînant du cœur.

L'homme, par sa beauté mâle et imposante, par sa grâce virile, par sa force physique et cet air énergique répandu dans toute sa personne, inspire la confiance à la femme et l'attire.

Elle sent instinctivement qu'il a été placé près d'elle pour la soutenir, elle, l'être faible, et la protéger dans la vie.

L'homme se sent attiré vers la femme par sa grâce touchante, par sa candeur et son air timide, par la douceur de ses traits, la délicatesse de ses formes, la gentillesse de ses allures.

Il sent qu'elle a besoin de lui à cause de sa faiblesse, et qu'elle a été placée près de lui pour l'aimer et charmer sa vie par des tendresses suaves et ineffables, par des délicatesses charmantes et affectueuses, par une sagesse douce et prévoyante.

Lui se sent enchaîné à elle par quelque chose d'irrésistible, et qui les rend en quelque sorte inséparables, Dieu l'ayant voulu ainsi.

Il n'y avait à cette époque entre les créatures qu'une légère différence dans les types et dans l'organisation de chacun, qui les faisait un peu plus ou un peu moins beaux, un peu plus ou un peu moins intelligents.

Voici, au premier siècle, ce qu'était le genre humain sur cette terre de délices qu'on nomma paradis terrestre, où tout émanant de Dieu était parfait, où les couples ne connaissant que le bien étaient dans un ravissement perpétuel, éprouvant l'un pour l'autre un amour inaltérable.

Lieu où il régnait un printemps éternel, dans une partie du globe propice à entretenir tous ces bons sentiments, sous un ciel pur et sans orage.

Douces brises, doux berceaux de feuillage touffu pour se garantir du soleil le jour, et de la rosée envoyée la nuit pour alimenter la végétation, rafraîchir et fortifier les plantes.

Lits de fines mousses pour leur repos, sources d'eaux vives, arbres aux fruits succulents, fleurs charmantes.

Ne ressentant aucune souffrance quant au physique, ni aucune offense quant au moral, ils vivaient heureux parmi une végétation abondante.

Ils avaient sous leur main une nourriture propre à leur conservation, et d'un goût exquis pour leur palais.

Cette nourriture, par leur nature différente de la nôtre, leur donnait la santé et les fortifiait plus que nos mets les plus substantiels, bien qu'ils ne les prissent que dans la végétation.

Telle était leur existence, et Dieu voulait qu'ils vécussent là dans la sécurité la plus parfaite.

Leur intelligence se développant au contact des uns des autres sur cette terre qui les avait fait naître, un commencement de civilisation se forma.

Ils se tissèrent des vêtements avec le lin qui croissait et qu'ils recueillaient, ainsi qu'avec la laine des brebis.

Comment ils venaient au monde, comment ils se rencontraient, c'étaient les secrets de la nature; elle les laissait dans cette ignorance et ils ne cherchaient même pas à le savoir; seulement ils savaient, par les plus intelligents, qu'ils tenaient la vie de l'Être suprême.

Les anciens montraient aux nouveaux, ils les adoptaient pour leurs enfants, et les aimaient autant que nous aimons les nôtres et peut-être mieux, parce qu'ils étaient beaucoup plus parfaits.

Ils ne formaient qu'une seule et même famille, et s'aimaient sans dévier un seul instant de la chasteté.

Ignorant le mal dans toute l'acception du mot, leur âme était sereine, leur santé toujours bonne, et leur beauté physique se conservait.

Exempts de désirs charnels, leurs joies étaient pures, leurs mœurs douces et simples,

Toutes leurs actions étaient décentes et empreintes de cet abandon, de cette confiance et c

9.

laisser-aller qu'on remarque dans le jeune âge.

Il y avait dans leurs jeux l'ingénuité, l'inno-
cence de l'enfance, unis à l'ordre et à l'entente
de l'âge mûr.

Ne désirant rien autre chose que ce qu'ils
avaient sous leurs yeux, leur vie avait cette uniformité qui plaît, exempte de soucis et de
larmes. (Voir pour la suite nos *Mystères dévoilés*).

CLÉMENCE BADÈRE.

TABLE DES CHAPITRES

1453. PARIS. — IMPRIMERIE CHARLES BLOT, RUE BLEUE, 7.

Chez DENTU, Palais-Royal, Galerie d'Orléans, 17 et 19

DU MÊME AUTEUR

Marie Favrai, histoire d'une jeune Fille pauvre, roman de 340 pages.

La Vengeance d'une jeune Fille.

Le Médecin empoisonneur.

Une Mariée de seize ans.

L'Enlèvement de Céline, suivi d'*Un monde de fleurs*.

Les Mystères de la Création dévoilés.

L'Epouse amante, épisode de la guerre 1870-71. Poésies.

L'Anneau du Diable, comédie en deux actes.

Le Soleil Alexandre Dumas, réponse à ses attaques.

Hermance de Meyran ou *Une noble de nos jours*.

Doit paraître prochainement

Un Tartuffe aux prises avec un Diable rose, roman de 300 pages.

1634 PARIS. — IMPRIM. [illegible] GIOT, RUE BLEUE, 7